48

Lb 2462.

QUELQUES
RÉFLEXIONS

SUR

LE RENOUVELLEMENT INTÉGRAL

ET LA SEPTENNALITÉ

ENVISAGÉS SOUS LE RAPPORT CONSTITUTIONNEL.

PAR HENRI J. MARÉCHAL.

A PARIS,

CHEZ PILLET AINÉ, IMPRIMEUR-LIBRAIRE,

ÉDITEUR DE LA COLLECTION DES MŒURS FRANÇAISES,

RUE CHRISTINE, N° 5;

ET CHEZ LES MARCHANDS DE NOUVEAUTÉS.

A MELUN, chez LEROY, libraire, rue Saint-Aspais.

DÉCEMBRE 1823.

PRÉFACE.

J'avais écrit les réflexions que l'on va lire pour les publier au moment où l'ordonnance de dissolution aurait paru; quelques amis à qui j'en avais fait part, me dirent: que, puisque j'étais résolu d'entretenir le public sur un sujet pareil, sans être détourné de mon dessein par la crainte de ne dire que des choses ou communes, ou que mille autres avaient dites avant moi, et surtout mieux que moi, ce n'était pas la peine d'attendre la publication de l'ordonnance; que si l'ouvrage était bon, il ne le serait pas moins avant qu'après; qu'enfin, s'il devait avoir quelque influence, il valait mieux l'employer à préparer les esprits qu'à les soumettre. Ces observations m'ont décidé: le changement de trois mots dans le premier paragraphe a suffi pour pouvoir donner de suite l'ouvrage à l'impression. Je livre donc au public, et principalement à mes collègues du département de Seine-et-Marne, ce court essai, pour lequel je réclame leur indulgence.

Je sais qu'il vaudrait mieux n'en avoir pas besoin et n'écrire que quand on se sent assez de force pour émouvoir ou pour convaincre ; mais j'ai pensé qu'il fallait quelquefois savoir sacrifier son amour propre au désir de faire le bien. Tel est mon but : convaincu, je cherche à convaincre les autres, parce que je crois que les plus heureux effets doivent résulter de l'unanimité de nos vœux, et si je n'obtiens pas le succès que j'ambitionne, qu'on me tienne compte, du moins, de mes efforts pour y parvenir. Forcé, par un malheureux accident, de rester dans l'inaction quand mes camarades, guidés par le héros de la France, avaient le bonheur de combattre, sous le drapeau sans tache, les révolutionnaires de la péninsule, j'ai voulu payer aussi mon tribut, moins glorieux, moins selon mon cœur, sans doute, mais plus pénible peut-être, puisqu'il fallait vaincre une timidité bien naturelle quand on écrit pour la première fois sur de telles matières. Puissé-je n'avoir pas eu tort ! je m'estimerai trop heureux si l'on daigne pardonner ma témérité en faveur de mon zèle.

QUELQUES
REFLEXIONS

SUR

LE RENOUVELLEMENT INTÉGRAL
ET LA SEPTENNALITÉ,

ENVISAGÉS SOUS LE RAPPORT CONSTITUTIONNEL.

L'ORDONNANCE qui doit prononcer la dissolution de la chambre des députés va, dit-on, bientôt paraître : elle convoquera les colléges électoraux pour nommer de nouveaux législateurs, et fera pressentir qu'une modification au pacte fondamental que nous tenons de la sagesse royale sera proposée dans la session qui va s'ouvrir.

Dès le moment où le projet d'abandonner le renouvellement par cinquième, pour y substituer le renouvellement intégral et septennal, transpira dans le public, plusieurs écrivains, soit dans les journaux, soit dans de nombreuses brochures, le combattirent ou l'approuvèrent avec plus ou moins de talent, avec plus ou moins de bonheur.

Le projet du ministère trouva de puissans contradicteurs dans une opposition vive sans doute, mais monarchique, mais franche, mais sincère. On reconnaissait ce triple caractère à sa bannière : c'étaient les royalistes. D'autres adversaires entraient en même tems dans la lice, mais par une barrière opposée, prêts à combattre et le ministère et ceux qui, comme eux, s'opposaient à la dissolution. Armés de toutes pièces, leur attitude, aussi bien que l'enseigne qu'ils déployaient, annonçait moins la bonne foi d'une opposition consciencieuse que les menaces d'un ennemi. C'étaient les libéraux.

Nous ne voulons point ici répondre aux écrivains qui, professant les mêmes doctrines que nous, et combattant sous le même drapeau, n'en diffèrent que par quelques points. Notre faiblesse, plus encore que les convenances, nous interdit toute discussion avec eux ; et ce n'est pas quand il est plus que jamais nécessaire de serrer nos rangs pour repousser l'ennemi commun ; ce n'est pas quand les circonstances réclament impérieusement l'union des royalistes, que nous irons, apôtres sans mission, chercher à convertir à notre opinion un illustre pair (1), aussi distingué par ses nobles sentimens que par ses écrits pleins de force et de logique; ou ce jeune écrivain si digne de porter le nom de Bonald. Ils ont exposé tous deux leur doctrine avec cette noble franchise qui devrait être le partage de tout cœur honnête; mais au jour du danger, ils seraient avec nous. Ce n'est point l'ambition, ce n'est point le désir d'une vaine célébrité, ce ne sont point enfin des sentimens haineux qui leur mirent la plume à la main. Trop de gloire environne leur nom; trop de vertus les animent, pour voir, dans les articles qu'ils ont publiés sur le sujet qui nous occupe, autre chose que le motif le plus louable. Nous n'avons donc à réfuter ici que les déclamations libérales, et si nous ne le faisons pas avec tout le talent nécessaire, du moins nous le ferons avec tout le zèle d'un cœur droit. C'est presque la meilleure chance de succès pour nous, quoique nous ayons à faire à des ennemis qui ne se piquent pas plus d'être de bonne foi que d'être conséquens.

______

(1) M. le comte de Saint-Roman.

On nous dit que le renouvellement intégral est une violation manifeste de la Charte, puisqu'elle veut que les députés soient renouvelés par cinquième, et que donner au mandat des députés une durée de sept ans, est une seconde violation puisque la Charte veut qu'ils ne soient nommés que pour cinq.

Sans doute si l'on s'en rapporte au sens littéral de la Charte, l'objection est fondée ; mais si nous mettons de la bonne foi dans l'examen de cette objection, et non de vaines arguties, nous conviendrons que le renouvellement intégral, dont on veut faire l'objet d'une proposition, ne change rien à la Charte, puisque le Roi pourrait chaque année, s'il le voulait, dissoudre la chambre, et conséquemment la renouveler intégralement. Personne, je pense, ne pourrait raisonnablement contester ce droit du trône, car il est dans la Charte ; or, qu'importe donc que la chambre se trouve dissoute par l'exercice d'un droit de la couronne, ou que le mandat des députés expire en vertu d'une loi? Le fonds ne restera-t-il pas toujours le même ? Dissoute par une ordonnance, ou renvoyée quand ses pouvoirs auront cessé, la chambre en sera-t-elle moins mandataire de la nation ? Cette forme, plus que la première, détruit-elle quelques-unes des libertés fondées par la Charte? Les intérêts acquis par la révolution recevront-ils quelque atteinte parce que la France entière réélira, par le moyen d'un droit nouveau, de nouveaux députés, au lieu de les réélire quand une ordonnance royale le voudra? Ou nous nous trompons étrangement, ou bien il nous semble qu'il serait difficile de résoudre ces questions autrement que par ces réponses:

Oui, le fonds des choses restera le même.

Non, la chambre ne cessera pas d'être mandataire de la nation.

Non, cette forme ne détruit aucune de nos libertés.

Non, les intérêts acquis par la révolution ne souffriront aucune atteinte.

Si telles sont les réponses qu'on est forcé de faire, pourquoi donc se refuserait-on à l'adoption d'un système dont chacun, comme les ministres eux-mêmes, peut aisément sentir tout l'avantage? Pourquoi donc objecterait-on encore le texte de la Charte; quand nous venons de démontrer que, par le fait, rien n'y sera changé? Dira-t-on que cette mesure est dangereuse? Il nous semble au contraire que les circonstances sont éminemment favorables à ce projet, car ce ne sera pas quand un prince, digne petit-fils du bon Henri, dont il nous rappelle les touchantes vertus, aussi bien que l'héroïsme, vient de s'illustrer dans une campagne glorieuse, ce ne sera pas au moment où la France, pleine de joie, mêle ses acclamations aux acclamations d'une armée et vaillante et fidèle, que les électeurs tromperont la noble confiance d'un monarque qui ne veut que le bonheur de ses sujets, qui ne cessait de s'en occuper même pendant son douloureux exil! Où donc alors est le péril? Accoutumée à voir l'effet suivre de près les promesses de son Roi, la nation ne verra dans la mesure projetée que le gage d'un avenir heureux et durable ; car c'est le Roi qui l'a voulu.

Mais, dit-on, les députés ne doivent être nommés que pour cinq ans, et désormais ils le seront pour sept : n'est-ce pas une infraction évidente à la Charte? Pas plus que le renouvellement intégral, et nous espérons pouvoir le démontrer.

La Charte dit que les députés seront nommés pour cinq ans ; elle ajoute en même tems que la chambre doit être renouvelée toutes les années par cinquième. Ces deux conditions de la formation de la chambre, sont en partie détruites l'une par l'autre, car si vous voulez obéir à la première, il devient impossible d'obéir à la seconde, qui veut qu'une fraction de la chambre soit renouvelée toutes les années; et si vous voulez exécuter rigoureusement la seconde, vous manquerez à la première, puisqu'il y aura nécessairement un cinquième des députés qui ne siégera que pendant un an ; un autre cinquième qui ne siégera que deux ans, et ainsi de suite, tandis que la loi veut qu'ils siègent pendant cinq ans.

Cette contradiction, dans les termes d'un article qui devrait être d'une lucidité telle qu'il ne pût jamais devenir l'objet d'une discussion, n'est et ne saurait être qu'un vice de rédaction, dont la réforme est indispensable (1).

Nous venons de prouver qu'en conservant l'article 37 de la Charte, on est forcé de man-

---

(1) Ce n'est qu'à l'usage que l'on peut bien juger des défauts ou des qualités d'une chose, et surtout d'une loi. Ce qui paraît juste et clair par la pensée, devient, à l'exécution, obscur et déraisonnable. Il faut bien alors changer ce qui ne saurait être employé dans son état primitif, sous peine de n'avoir fait qu'un ouvrage inutile, et conséquemment sans objet.

quer à l'une des conditions qu'il impose : la justice, comme le bon sens, ne demande-t-elle pas qu'on fasse disparaître de notre pacte fon-damental ce monument de la sagesse et de la munificence royale, une disposition évidem-ment contradictoire? Mais en adoptant la sep-tennalité, nous dit-on, on introduit véritable-ment une forme nouvelle, inconciliable avec la lettre de la Charte. Nous l'avouons : les dé-putés siégeront deux ans de plus, et c'est à quoi se réduit, en somme totale, la prétendue infrac-tion à la Charte ; mais puisqu'il est de toute né-cessité de changer la rédaction de l'article 37 et de faire disparaître ou l'une ou l'autre des deux dispositions qui se contredisent, pourquoi n'en profiterait-on pas pour introduire un système meilleur ? Ce ne sera pas le renouvellement intégral que l'on sacrifiera puisque nous avons démontré que par le fait, il existe déjà. Ce sera donc la durée du mandat des députés qui devien-dra l'objet d'un changement. Cette durée sera portée à deux ans de plus. Est-il sage, est-il sensé de dire qu'il faut se priver des avantages que le gouvernement, et par suite la nation elle-même doit retirer de la nouvelle loi, parce qu'au lieu de se borner à la durée de cinq ans, les pou-voirs des députés en auront une de sept?

On parle beaucoup de stabilité dans les institutions ; les écrivains libéraux ne cessent de la demander, quoique dans le fonds ils soient désolés et des efforts des ministres pour obtenir ce résultat et du succès probable de ces efforts (1). Mais qui ne voit que par le renouvellement intégral et septennal, si, comme

---

(1) La guerre d'Espagne , que l'auguste époux de l'ange du Temple vient de terminer d'une manière si glorieuse, en est une preuve. Cette guerre devait terrasser la révolution et raffermir pour jamais dans le sol de l'Europe les racines des lis. Les libéraux, suivant la belle expression d'un ministre, l'honneur de la France comme il est l'honneur de la littérature , *vociféraient* la paix, car ils redoutaient, par dessus tout, de voir jamais confondues ensemble la gloire ancienne et la gloire nouvelle de la France, puisque cette union faite sur le même champ de bataille, sous les mêmes tentes, et presque par les mêmes hommes , devait consolider pour toujours l'alliance d'une armée marchant jadis sous un drapeau que ses exploits illustrèrent , avec une autre armée moins heureuse, mais non moins héroïque. Voilà pourquoi tous les journaux prétendus constitutionnels, cherchaient à semer la discorde et la défiance parmi nos vaillans soldats : ils sentaient bien qu'après cette campagne, on ne distinguerait plus les soldats nouveaux des soldats anciens , et que cet accord salutaire serait le gage du repos et de la stabilité de la France.

tout le fait espérer, les élections amènent une majorité royaliste, on a le moyen de donner à nos institutions cette stabilité tant désirée? obligés, presque aussitôt après la clôture d'une session, de songer aux élections nouvelles, les ministres ont à peine le tems de s'occuper des projets qu'ils auront à présenter. Faut-il donc, à l'imitation de cette assemblée d'exécrable mémoire, improviser des lois que le même jour verrait naître et mourir faute d'avoir été mûrement élaborées dans le conseil ? On nous répond qu'il faut laisser les élections libres. Entendons-nous sur ce mot de liberté :

Si par élections libres, on entend la faculté qu'a chacun de donner sa voix à celui qu'il croit le plus digne, peut-on, sans la plus insigne calomnie, prétendre que cette liberté n'existe pas? Mais si, par élections libres, on entend que le gouvernement reste absolument étranger à cette importante opération, on dit une absurdité qu'il est presque inutile de réfuter. Quelque parfait que puisse être un ministère, il n'est jamais sans ennemis, soit dans l'ambition des individus, soit dans l'opinion démocratique, laquelle tend toujours à s'agrandir. Le trône lui-même, qui pourrait nier cette malheureuse vérité? n'en a-t-il pas qui sont d'autant plus actifs, plus audacieux, plus entreprenans qu'ils sont moins nombreux et qu'ils ont besoin de masquer cette faiblesse numérique par l'habileté de leurs manœuvres ? Si le parti prétendu libéral s'accorde pour présenter ses candidats à la bonne foi trompée des électeurs, n'est-il pas juste que le gouvernement tâche de déjouer les intrigues de ses ennemis et présente les hommes sur lesquels il appelle et la voix et la confiance des électeurs ? Le ministère doit-il s'endormir dans un dangereux et coupable repos quand ses implacables adversaires veillent autour de lui ?

Mais c'est trop nous arrêter sur un reproche dont l'injustice et la démence ont un tel degré d'évidence ; on ne saurait le faire de bonne foi : ceux qui n'en ont, qui n'en mettent aucune, soit dans leurs actions, soit dans leurs écrits, seraient peu touchés de ce que nous pourrions ajouter.

Nous croyons avoir démontré que la Charte ne sera point violée parce que nous aurons autorisé nos députés à voter, s'ils le jugent convenable, pour la proposition des ministres : mais afin d'éviter toute discussion ultérieure et clorre la bouche à nos adversaires, supposons qu'en effet l'esprit et la lettre de la Charte s'opposent à cette innovation. S'ensuivra-t-il nécessairement de cette large concession, qu'on ne doive pas adopter un système dont les avantages moraux et matériels sont incontestables ? Faudra-t-il considérer des dispositions purement réglementaires dans la Charte, dispositions que le souverain législateur eût pu faire tout autres qu'elles ne sont, sans que la Charte en eût moins été considérée comme un bienfait, comme un acte renfermant toutes les libertés raisonnables, celles qui servirent de prétexte à la révolution, faudra-t-il, disons-nous, considérer ces dispositions comme ayant pour la nation le même degré d'intérêt que les articles 1, 2, 3, 4, 5, 8, 9, 11, 15, 18, 19, 20, 43, 44, 47, 48, 49, etc.?

Le Roi, par le fait seul de sa puissance, a donné la Charte à ses peuples. Il en a juré le maintien : nos princes ont fait le même serment, et ce n'est pas parmi les Bourbons que l'on trouvera des parjures. Mais cela veut-il dire que quand le tems amènera des circonstances telles, que des modifications dans les formes de l'exécution de cette Charte seront devenues nécessaires, il ne sera permis ni de les faire, ni même de les proposer ?

La Charte est tout entière dans les libertés, dans les droits qu'elle assure et non point dans celles de ses dispositions qui ne sont que de forme: Le bon sens indique assez que sous ce rapport la Charte peut être modifiée. Les lois divines seules ont l'heureux privilége de n'avoir jamais besoin de changement. Quant aux lois des hommes, et celles surtout qui n'ont pour objet que des règlemens, il serait absurde de soutenir qu'elles devront exister éternellement, car il n'est rien sur la terre de parfait et d'éternel dans l'ouvrage de la créature. *Les progrès toujours croissans des lumières* (1) ne permettent pas de supposer que nos neveux n'auront rien à retoucher aux lois qui nous paraissent bonnes et suffisantes dans l'état actuel de la civilisation. Nos adversaires les libéraux doivent être plus que nous encore persuadés de cette vérité, puisqu'ils ne cessent de nous parler de perfectibilité, de marche de la raison, de progrès de l'esprit. Est-ce qu'ils voudraient par hasard imiter nos ancêtres dont ils déplorent tant la barbare ignorance, en voulant enchaîner, à leur sagesse d'un jour, toutes les générations futures? Ont-ils donc atteint le dernier degré de perfection, et, nouveaux Hercules, ont-ils posé les

______

(1) Préambule de la Charte.

colonnes qui doivent servir de borne à l'entendement humain, en telle sorte qu'il soit à jamais impossible de les dépasser et qu'il faille inscrire, sous leurs chapiteaux orgueilleux, cette devise fameuse : *Nec plus ultrà ?*

Le projet ministériel a trois sortes d'adversaires : ceux qui disent que le Roi n'a pas besoin du concours des chambres pour introduire la septennalité ; ceux qui soutiennent que la mesure est inopportune, et ceux enfin qui contestent aux trois pouvoirs réunis le droit de modification. Nous n'avons à répondre qu'à ces derniers : l'expérience sera juge des seconds ; et quant aux premiers, nous avons dit déjà qu'il ne nous appartenait pas d'entamer avec eux une aussi grave discussion qui demanderait, d'ailleurs, plus de talens que nous n'en avons.

La chambre des députés, soit qu'on la considère dans son ensemble, soit qu'on la considère dans chaque individu pris isolément, est mandataire de la nation : c'est un principe incontestable et reconnu ; tout ce que fait la chambre la nation est censé l'avoir fait, parce que chaque député vient déposer son vote suivant l'opinion qu'il a remarquée dans le département dont il est mandataire spécial, ou, suivant ce qu'il juge lui-même devoir être le meilleur puisque ses commettans l'ont investi de leur confiance. Le dépouillement de ces votes réunis doit donner la mesure de l'opinion de tous les colléges électoraux. C'est et ce ne peut être qu'en ce sens que les actes législatifs du gouvernement représentatif sont l'expression du vœu de tous. Et puisque la nation délègue des fondés de pouvoir chargés de la défense de ses intérêts, comment n'aurait-elle pas le droit de leur dire : « Vous ferez à nos lois les changemens que le besoin des tems réclame, si le pouvoir exécutif et la chambre des pairs sont d'accord avec vous. »

Sous un gouvernement absolu, ces changemens ne peuvent avoir lieu que par la volonté toute puissante du souverain, la nation ne prenant qu'une part très-indirecte et seulement comme conseil à la confection des lois. Le souverain, alors, fait ou défait celles qui lui paraissent inutiles ou nécessaires ; il n'a pu s'enchaîner lui-même et s'ôter les moyens de faire les améliorations que les circonstances exigent, car son gouvernement serait, en ce cas, une absurdité.

Sous le gouvernement représentatif l'exercice de la souveraine puissance se partage entre trois pouvoirs distincts qui ne sauraient exister l'un sans l'autre. La souveraineté se trouve ainsi collective, mais dans le fait, elle est une et peut, de même que le monarque absolu, faire les changemens qui lui conviennent. Comment, en effet, trois pouvoirs réunis, éclairés par les lumières qu'amène toujours une discussion libre, et formant après tout une puissance au moins égale à celle d'une monarchie absolue, ne pourraient-ils faire ce que peut faire celle-ci ? Que le souverain se compose de trois pouvoirs, ou qu'il s'appelle monarque absolu, n'est-ce pas une seule et même chose ? En est-il moins souverain, parce qu'il se forme de trois individus au lieu d'un seul ? L'arrêt rendu par trois juges est-il moins légal, moins exécutoire que celui rendu par un juge de paix, si la loi donne à celui-ci le droit de prononcer sans appel ?

Chez tous les peuples gouvernés par des assemblées délibérantes dont le pouvoir était pondéré par des magistrats ou des corps dont le nom ne fait rien ici, tout changement à l'acte constitutif, consenti par les différentes branches du pouvoir souverain était considéré comme légitime. Sparte, Athènes et Rome peuvent en fournir de nombreux exemples.

Quand en Angleterre, on introduisit la septennalité parlementaire, mesure dont les Wighs sentaient la nécessité pour donner au gouvernement la stabilité dont il avait besoin, cette innovation ne fut point regardée comme inconstitutionnelle. Les Torys, il est vrai, la combattirent, mais ce fut sous un autre rapport, et personne ne prétendit qu'on n'eût pas le droit de l'introduire. Or, ici, ce n'est point son utilité que les libéraux combattent le plus, c'est son inconstitutionnalité.

J.-J. Rousseau, si favorable à la démocratie, ne dit-il pas lui-même qu'un peuple a le droit de faire telle loi qui lui convient ? Pourquoi donc le parti libéral voudrait-il ôter aux mandataires de la nation un droit si beau ? C'est que, disent-ils, on a juré le maintien de la Charte.

Sans examiner ici jusqu'à quel point ces partisans si chauds de notre pacte fondamental furent fidèles à ce pacte, sans rappeler avec quel empressement ils votèrent une loi qui, certes, violait bien ouvertement l'article 12 de la Charte (1), nous leur dirons : Oui, sans doute,

___

(1) La conscription est abolie.

Charte constitutionnelle, art. 12.

2

on a juré le maintien de la Charte ; mais vous ne faites pas attention que chacune des trois branches du pouvoir a promis, par son serment, de ne pas empiéter sur les droits de ses co-souverains. C'est-à-dire que le Roi promit de ne point attenter aux droits des deux chambres, et celles-ci promirent, non-seulement d'être fidèles au Roi, mais encore de rester dans leurs attributions respectives. Ce serment, le Roi l'a-t-il violé jamais ?..... Anathême au blasphémateur impie qui viendrait soutenir cette odieuse calomnie à la face de la nation : tout entière elle se lèverait comme un seul homme pour repousser avec horreur cette accusation infâme !!....

La chambre des pairs et celle des députés réunies ne pourraient renverser les articles de la Charte qui consacrent les droits du trône, (1)

---

(1) Nous n'avons pas besoin de dire qu'en parlant ainsi, nous ne prétendons pas avancer la monstrueuse proposition que le Roi tient ses droits de la Charte : Notre opinion est trop bien connue à cet égard pour nous défendre de cette erreur ; d'ailleurs, il est clair que le Roi n'aurait pu donner la Charte, s'il tenait d'elle ses droits au trône. Il a limité sa puissance par cet acte bienfaisant en appelant ses sujets à l'exercice d'une

sans une révolte ouverte soutenue par la force, car le trône ne peut aliéner ses droits, et c'est à ne point entreprendre cette usurpation que consiste le serment qu'elles ont fait. De même le Roi ne pourrait anéantir le gouvernement représentatif, car les chambres ne sauraient y consentir, et dès-lors, une semblable tentative ou demeurerait sans effet, ou serait nulle de plein droit, et c'est à ne point commettre cet acte arbitraire que consiste le serment qu'il a fait. En un mot, les trois pouvoirs se sont engagés, par leur serment respectif, à ne rien entreprendre les uns contre les autres.

Il suit de tout ce que nous venons de dire, que l'on ne saurait contester l'omnipotence des trois pouvoirs réunis pour procéder ensemble à la réforme des articles de la Charte susceptibles d'amélioration ; sans doute, ils ne doivent en user qu'avec modération, car à côté de l'avantage d'améliorer est le danger d'innover ; mais il s'agit ici du principe et non de l'abus qu'on en peut faire.

---

portion de ses droits ; mais ses droits, il les tient de plus haut, voilà pourquoi ils seront toujours imprescriptibles.

Nous serions bien malheureux ou bien maladroits, si nous n'avons pu réussir à faire passer dans l'ame des lecteurs de bonne foi, la conviction que nous trouvons au fond de la nôtre, et qui seule nous a fait écrire ces lignes: cependant, si les raisons que nous avons données paraissaient insuffisantes, nous ajouterons à ce que nous avons dit, une réflexion qui doit ranger à notre avis ceux de nos lecteurs qu'une injuste prévention n'aveugle pas.

En déterminant le cens que doivent payer les électeurs et les éligibles, ceux-ci pour être députés, ceux-là pour avoir le droit de les nommer, quel fut le but du législateur? Évidemment ce fut dans l'intention de confier à la propriété, c'est-à-dire à la portion de la nation la plus intéressée au maintien de l'ordre, à la tranquillité publique, l'inappréciable avantage de concourir à la confection des lois. Cette partie de la nation est en même tems la plus éclairée. Appeler tous les individus sans exception à cet exercice de la souveraineté, c'eût été, sans contredit, se jeter dans tous les dangers de la démocratie ou d'une ochlocratie turbulente dont l'infaillible résultat est l'anarchie, à la suite de laquelle vient le despotisme militaire, se frayant un large chemin au milieu du sang et des ruines. Vingt-cinq ans d'une funeste expérience ne nous laissent aucun doute à cet égard.

Le cens nécessaire pour les électeurs ou les députés fut jugé devoir être, dans l'état actuel de la société, de 3oo fr. pour les premiers, de 1ooo fr. pour les autres. Si par la pensée, nous nous portons à l'année 2800, époque à laquelle nous supposons que la France n'aura pas cessé d'exister sous l'empire des mêmes institutions, croit-on que le progrès toujours croissant, non pas précisément de la richesse, mais du terme par lequel on la représente, permettra de considérer une contribution de 3oo fr. comme suffisante pour donner à l'état la garantie dont il a besoin, et qu'il voulut avoir en fixant ce taux pour exercer actuellement les droits d'électeur ? Croit-on qu'à cette époque 3oo fr. représenteront la même valeur qu'aujourd'hui ?

Pour nous faire mieux comprendre, supposons que la Charte est l'œuvre de Saint-Louis et non point celle de son digne successeur. Dans ce tems-là, c'est-à-dire il y a 6oo ans environ, l'homme qui paie aujourd'hui 3oo fr. de contributions en aurait payé 70 à peu près, et n'aurait pas été moins riche qu'il ne le serait en payant à présent 23o fr. de plus. On aurait donc mis dans la Charte qu'une contribution de 70 fr. était nécessaire pour être électeur. Le terme par lequel on aurait exprimé la contribution et conséquemment la fortune de ce contribuable serait resté le même, tandis qu'en effet le rapport entre ce terme et ce qu'il représente aujourd'hui serait changé. La Charte disant toujours qu'il faut payer 70 fr., le nombre des électeurs irait aussi toujours croissant, et successivement nous tomberions dans le danger que le législateur voulut éviter. Or, ne serait-il pas nécessaire aujourd'hui de parer à cet inconvénient qui se ferait si vivement sentir ? Ne faudrait-il pas alors et précisément pour conserver l'esprit de la Charte, changer la dénomination du cens ? Ce serait en conservant cette dénomination que la Charte serait altérée. Il est donc clair qu'il deviendrait indispensable d'appeler les trois pouvoirs pour réformer cet article. Il est donc clair qu'il est des cas où quelques changemens sont impérieusement réclamés par les besoins du moment. Il est donc clair que le droit et le pouvoir de l'exercer existent réellement.

Il est un autre genre de reproche qu'essaye le projet du ministère. Un député dont on ne sera pas content siégera pendant sept ans au grand déplaisir de ses commettans. Mais ce reproche est-il sérieux? Nous avons peine à le croire. Sera-t-il en effet, plus incommode, plus dangereux, pour un département dont un des députés ne remplirait pas l'attente, que ce député conserve son caractère pendant sept que pendant cinq ans? Y perdra-t-on, en effet, beaucoup? — On dit encore que les candidats seront désormais forcés d'attendre sept ans pour qu'ils puissent, à leur tour, être élus. Sera-ce donc un mal de reculer de deux ans l'ambition ou la satisfaction de la vanité de quelques individus? Est-il bien digne de l'honneur d'être député, celui pour qui deux ans de délai seraient une attente insupportable? Aujourd'hui la véritable maladie de la France est cette ambition inquiète qui travaille toutes les classes de la société, parce que l'exemple de quelques fortunes rapides a séduit la multitude. C'est peut-être un bien que ce léger frein qu'on lui met. On aura plus de tems pour mûrir son expérience et mériter ainsi le choix des électeurs.

Il est inutile de répondre à ceux qui prétendent que le ministère, déjà trop influent dans les élections, aura désormais toute la puissance pour les travailler à son gré. Le ministère ne gagnera pas une voix de plus par ce mode que par l'autre, car quelle en serait la raison ? Ses ennemis mettront-ils moins d'ardeur à le combattre ? Ses amis moins de zèle à le soutenir ? Ce n'est point *par* le mode nouveau que le ministère gagnera des voix, mais *pour* le mode, car les électeurs, amis de leur pays, verront dans ce mode d'élections le gage de notre tranquillité future.

Quant à nous, persuadé de la loyauté des ministres, de leur dévouement au Roi, de leur amour pour le bonheur et la prospérité de la France, nous ferons tous nos efforts pour seconder leurs vues. Les preuves qu'ils ont données jusqu'à présent de leur envie de faire le bien, la fermeté qu'ils ont mise à poursuivre, au milieu des embarras d'une guerre entreprise pour la plus noble des causes, les plans qui leur étaient dictés par le meilleur des rois, nous sont un sûr garant de la sagesse et de la bonté de leurs intentions.

Electeurs de Seine-et-Marne, électeurs de toute la France, ne vous arrêtez pas aux vaines déclamations de ces hommes qui ne crient à l'esclavage que depuis que nous sommes libres. Naguères courbés servilement sous le despotisme insolent d'un soldat, ils étaient de dociles exécuteurs de ses volontés arbitraires. Leur ouche alors ne prononçait pas le mot de li-

berté. Maintenant que nous sommes véritable-
ment libres, que nous vivons sous un gouvernement juste et protecteur, humiliés des stig-
matiques encore visibles de leur ancienne servi-
tude, ils voudraient vous faire croire que vous
êtes esclaves comme ils le furent ; mais compa-
rez et jugez..... Ils vous diront qu'une armée de
fonctionnaires publics fait elle seule les élections..... Mais comptez-vous et voyez s'il est
vrai, comme ils osent l'affirmer, que le nombre
des électeurs fonctionnaires surpasse celui des
électeurs sans emploi !... Il est facile d'en ac-
quérir la preuve. Demandez-vous également si,
parmi ces fonctionnaires, il n'en est pas au
moins la moitié qui, quoique privés d'emplois,
voteraient avec le ministère, c'est-à-dire avec la
France qui veut la monarchie et la monarchie
des Bourbons ? On vous parle de destitutions.....
Mais serait-il raisonnable, serait-il juste de
payer ceux qui, par des votes dangereux, com-
promettent le repos et peut-être le salut de
l'état, en envoyant à la chambre quelques-uns de
ces vétérans de la révolution, que ni leurs mal-
heurs ni les nôtres n'ont pu corriger de leurs doctrines empoisonnées. Croyez-vous que si de tels
hommes parvenaient au pouvoir, ils distribue-
raient les emplois à ceux qu'ils sauraient être leurs

implacables ennemis ? Pourquoi nos ministres seraient-ils plus imprudens? Qu'on cesse donc de parler de destitutions quand le coryphée du parti libéral écrivait jadis que tout gouvernement qui, depuis le garde-champêtre jusqu'au premier ministre, employait d'autres agens que des hommes entièrement dévoués, était un gouvernement qui devait périr. Eh bien ! la conservation étant la loi première de tous les êtres, nous adoptons ce principe des libéraux. Est-ce à eux de s'en plaindre ? Ils vous parlent d'intrigues ministérielles quand ils se livrent, eux, aux plus criminelles manœuvres pour obtenir un ascendant qui chaque jour leur échappe, parce que la France, de plus en plus éclairée, commence à connaître mieux ses véritables ennemis. Où donc est la garantie des principes libéraux ? La chercherons-nous dans l'empressement qu'ils mirent à se couvrir de titres et de cordons après avoir aboli solennellement ces distinctions sociales et leur avoir juré une haine éternelle ? Où donc est chez eux la foi du serment? Les cent jours sont là pour répondre..... Ils vantent leur amour du bien public..... Quand donc en ont-ils donné la preuve ? Qu'ont-ils fait pour ce malheureux peuple qu'ils voudraient séduire encore ? Héritiers de la doctrine perverse des hommes

qu'eux-mêmes sont forcés de vouer à l'exécra-
tion publique, les mêmes principes n'amène-
raient-ils pas les mêmes résultats ? Toute se-
mence doit porter son fruit, et quel fruit amer
nous recueillerions, si nous livrions nos desti-
nées aux mains de tels hommes !... Riches des
dépouilles que nous arrachait leur maître pour
les leur prodiguer, où sont les établissemens
de charité qu'ils ont fondés de leurs bourses
pour le soulagement de l'humanité souffrante ?
Ils invoquent la tolérance, et jadis ils proscri-
vaient des classes entières, ils chassaient les
ministres des autels, parce que ces classes,
parce que ces ministres ne partageaient pas
leurs principes !

Electeurs de la France, et vous particuliè-
rement, mes collègues de Seine-et-Marne, la
sagesse du monarque vous indique les choix
que vous avez à faire. Des citoyens recom-
mandables par leurs vertus et par leur vie
passée, nés, élevés parmi vous, seront toujours
préférables à des étrangers, même à mérite
égal. Ne dites pas qu'il faut une opposition ;
l'opposition se forme d'elle-même. Malheur
au peuple insensé qui dirait : « Je veux des re-
présentans qui ne soient là que pour dire non,
et contredire toujours, à tort ou à raison. »

Quand tous les députés sont animés d'un même esprit, celui de l'ordre, de la sagesse, de la modération, du dévouement au chef de l'état, chacun alors, sentant que les ministres trouveront toujours bien la majorité dont ils ont besoin, se livre plus aisément à son opinion particulière dans une discussion. et ne la sacrifie plus à la crainte de voir triompher une minorité factieuse. C'est ainsi qu'une opposition, mais une opposition juste et décente, finit par se former. Il y a je ne sais quoi de révoltant ou d'absurde dans cette idée de députer un homme, non point pour faire des lois, mais pour empêcher qu'elles se fassent. Unissez vos vœux ; joignez-vous à la France, qui, par les choix qu'elle fera, voudra donner au héros libérateur de l'Espagne la récompense la plus douce de ses glorieux travaux, en ne nommant que des hommes fidèles à son auguste famille , si bonne, si française, si digne de tout notre amour!!

Vive le Roi! vivent